Hungría

ÆREA | *carménère*

Moritz Fritz

Hungría

861   Fritz, Moritz
F   Hungría / Moritz Fritz -- Santiago-
      Barcelona : RIL editores-Ærea | Carménère,
      2024.

      88 pág. ; 23 cm.

      ISBN: 978-84-10248-31-1

      1 POESÍA ESPAÑOLA. 2 LITERATURA ESPAÑOLA.

      ◯

ÆREA | *carménère*

Serie dirigida por
Eleonora Finkelstein y Daniel Calabrese

HUNGRÍA
Primera edición: Ártese quien pueda Ediciones, 2014
Primera edición en Ærea: octubre de 2024

© Lorena Esmorís Galán, 2014

© Ærea, 2024

Un sello de RIL® editores
SEDE SANTIAGO DE CHILE: Los Leones 2258 • CP 7511055 Providencia
☽ (56) 22 22 38 100 • ril@rileditores.com • www.rileditores.com

SEDE VALPARAÍSO: Cochrane 639, of. 92 • CP 2361801 Valparaíso
☽ (56) 32 274 6203 • valparaiso@rileditores.com

SEDE ESPAÑA: europa@rileditores.com

Composición y diseño: RIL® editores
Diseño de colección: Marcelo Uribe Lamour

Impreso en España • *Printed in Spain*

ISBN: 978-84-10248-31-1
Depósito Legal: B 19811-2024

Moritz Fritz

es este un viaje clausural deliberado

MAURICE LÉGER

porque la savia no evita la humedad de la sombra
tantea el universo en pliegues infinitos

como serpiente que avanza en la noche
lejos del fuego
cuando la duda recorre el acontecimiento
cuando vibran en la conciencia las sombras que no se proyectaron
[abismo de la empírica cumbre
calígine de la aurora]
reposa el dolor sobre el nervio
precipitado el otoño
consciente de sus alteraciones

donde el conjuro reza
la retrogradación de los pensamientos
garantes de un universo irregular y errático
regresa la magnánima ofrenda
al vértice oblicuo del destino
lejos de la llama

porque la sombra descansa en la humedad del pliegue
ignora
de las cenizas

su linaje

no
el olvido no es buen marinero
quien desteje sus recuerdos
descubre el arte de hacer nudos

EGON ERNS SPALT

                                                   a veces
    planea la duda ejercicios imposibles
                como la conquista del vértigo
                o una merienda en un campo inclinado
                        bajo un árbol de cielo nuboso

a veces
las palabras se entretienen en ritmos precipitados
                        [descuentan los acentos]
en ausencia de astrolabio   luna   repetición

la soledad no es silenciosa   no
el silencio es el fondo sobre el que se deslizan las formas

como en el lecho del océano se arruga el rostro del mundo

                        húmeda memoria de arena

                    solitario
                    naufragio solar

los inicios imponen el rumbo
siguen los pasos regiones curvadas
abiertas hacia el regreso

soberbia del destino
que se postula sin retorno
en un mundo que se repite

también el olvido deja su rastro

destino: fino apéndice de un pequeño saurio

DICCIONARIO MUNIQUÉS

avanzamos
frente a la dolorosa inclinación de la desdicha
cuyos ángulos   obtusos
pierden grados a cada suspiro

y no son otros los pasos redentores

asomaba la curiosidad a una fina y resistente rama
deshojada entre las yemas de un destino que
            contaba cada brote
            con los surcos dactilares de los árboles
            [astro vegetal e inflamable]

blandía la ira en un silbido

            las mariposas desplegaban sus alas

perseguía sin descanso
los acelerados quiebros de las lagartijas

conocía su secreto
una vez lo dijiste

            a tientas nace la suerte
                a tientas
              la fatalidad

golpea el átomo en que estalla
[como un primer rayo de luz]
el terco apéndice
de un pequeño saurio

el horizonte oculta otros mundos
cuyas sombras
nunca apuntan a nuestros zapatos

conservar las huellas
exige barro en la superficie

conté los cometas y los meteoros
hasta nombrar en todos los idiomas la palabra sangre
y supe entonces del poder del verbo
y la letra rota del silencio pasó a formar parte
                    [de mis jugos gástricos

                         SCHIELE SCHLOSS

erguidos los hombros sujetábamos el miedo
las almas
expuestas
desafiaban la prisa

risa   presa   prosa   rusa

en la metamorfosis de una idea
se retuercen los nervios contagiados

la dicción ejercita el coraje

cuántas cucharadas tomé por ti   padre

espesas   como enjambres de líquenes contramarea
mortales   como lechos de arena para los recién nacidos

                                        [ahogados]

aquellos cachorros murieron
como mis ganas de perdonarte

hoz en mano
desciende el último bocado de terror

del pórtico
de la conciencia
descendían dos columpios
en los que el bien y el mal se sentaban los domingos
allí morían las horas   esperando a las musas
mientras ellos discutían   los límites del universo

ahora que ya no hay misterio
sin miedo ni culpa

desvariemos

no en el qué
la angustia habita en el descubrimiento del cómo

JOSEPHINE CALVIN

ante el crepitar de la lumbre
perdió la luz el brillo del mármol

la locura   dijeron   contaminó las aguas

bajo el tejado de helechos
se acomodaron sombras y ángulos
a la espesura errática y al silencio

cesó entonces la verticalidad en los árboles
cesó entonces el miedo   la desdicha
descubrimos la pausa del colibrí   el engaño del eco
                        [la soledad de la conjunción
sumamos innumerables errores sin apenas mover los dedos

otros vagaban perpendiculares sin lograr fijar la mirada
escupían disertaciones a las raíces de las malas hierbas
sacrificaban mendrugos de pan   cucharas de madera
                        [piedras semipreciosas

los sabios
anotaban las correspondencias

porque se nace de la ausencia
porque la luz no sabe de imágenes
       [ni el cielo de pájaros
        ni la fe de absurdos]
tú te desconoces
desde el mismo instante en que cruzas la esfera

y no sabes
distinguir tus manos

entre tanta sombra

tortura
[como la rueda del molino arrasa]
la rapidez con la que cruzas mi conciencia
y danzas sobre el espejismo

mascaba
con el pensamiento
brotes de incertidumbre
verdes   como el bronce oxidado

purgaba en las cunetas del destino todo cuanto me habían
[contado desde pequeño

parecía solo cuestión de método librarse del yugo

despacio
[muy despacio]
obraba el catabolismo

hasta disolver la superstición
en actos re pe ti ti vos

masticaba
[muy despacio]
el pan ácimo de la costumbre

durante los equinoccios
deshidratábamos palabras sobre nuestras lenguas

Sasha H. Goldini

porque no cree en el destino
confía a la duda poderes subversivos que desvíen
[las paralelas del acaso

con naturalidad
ella evita lo inevitable

ajenas a lo absoluto brotan las flores silvestres   [dice
y esas palabras no vuelven a pronunciarse]

cíclico e irrepetible
merodea el instante a Hungría
donde
todo ritmo

está condenado al fracaso

cuando
todo
era
posible

la sensación de freno auguraba el infinito

si llega el hambre
conocerás el perfume de las mareas

te hablará sin pausa
lento
como un rumor mezquino

[llevará tu mano a tu boca sin ser tu mano ni tu boca
todavía]

habrás de ensayar
el don de lo cotidiano

mastica

el hambre es tu raíz

febril
se arremolinó el tiempo
en tubérculos de horas almidonadas
nadie contó los segundos
cristalizados en montañas de sal

estrenaron los desiertos el estatuto ontológico anhelado

mutaba el ser

hasta ajustar los amaneceres
a ritmo de desvelos
menguaron eclipses y días

fueron las lluvias
y los pantanos
sed en las noches de luciérnagas

                                                        y tú

contando hasta sumar todos los números irracionales
                        afilabas
sobre la rueda de la memoria
los recuerdos

y la desdicha desbordó los márgenes

CHARLES S. CHARLES

                                        regresar
                      hasta la desaparición del verbo

así comenzaron los mitos
memoria de fina arena que la mano sujetaba
arena de roca
                de concha
                        de cráneos pulverizados

regresar
hasta la desaparición del verbo en la llaga

bajo la lluvia intermitente
teje la araña un universo
                        regular y elástico
donde nada que eche raíces   crece
    donde la nada echa raíces   crece
            donde nada   crece

dónde

en un infierno hospitalario y bello
allí empezó todo

porque en ella se contorsiona cada vértebra de lo real
escucho tu respiración como quien acude al oráculo

y es su ritmo
                    lento
cadencia de pesares
que arrastran las olas hasta el acantilado

                              sin arena
                              será eterna la espuma

si detengo mis pasos ante ti
                desobediente
          la obstinación
                          descarría

Gullfoss
el clamor de tu embestida se confunde con el silencio

nunca había sentido el mundo tan concreto

tenaz
en la línea del horizonte
tropezaba la utopía

fue su paso lento para este horizonte curvo

LUCILLE CÔTE

en círculos
acariciaba las sílabas hasta bajarles la fiebre
en un rito imposible
                          ella
                [la furia del nombre propio]
                        envolvía
                      las palabras
                     entre pliegues
                      manuscritos

                        rosicler

sobre el lecho de los sueños
divagaba excéntrico el lenguaje

    [ruta tres siete nueve norte
    veleta sur
           viento sureste]

un cormorán sacude sus alas
salpica crustáceos en el vértice del destino

                  oblicuo
        cae el sol en la casilla negra

        la banca gana

no hay orilla

no hay dudas

no hay mar

—Hungría, ¿crees en el destino?

—Confío en el azar.

tira los dados de nuevo

volver a los inicios es trabajar con la memoria
con la distorsión de los sentidos que trastocan
                    [todo cuanto penetra

        [un pétalo transfigurado en nave
                        acuna el recostado cuerpo
        tan cotidiano de sol
        que acusas a tu pupila de deslumbrar la noche y
                        cegar los pájaros]

todo cuanto penetra alimenta ilusiones
                y tú crees

moldeas con tus recuerdos arcillas metafísicas y convocas
                        a su paso
            transliteraciones asombrosas e inútiles

        [tales son las soledades del alma]

como en el muro roto donde la noche habita
        son tus grietas
refugios del paraíso

                        y regresas

porque los sueños se extravían entre alientos y días
y está la memoria agotada

mueren las palabras

ROMANCERO BÚLGARO

                                        primero te fuiste para siempre

invisible paso desde el olvido
donde los pájaros   extraviados   recobraban fuerzas

regresivo era el orden
[e inesperado]
                        [un abismarse]
desde un vacío recién descubierto
                                              sal
                              tristeza
                y un pedazo
solo un pedazo

[masticaba el hambre hasta no dejar más que pésame]

es el tiempo del descenso sosegado

serenamente
un pie tras otro
dilata el pensamiento hasta el más elemental
sobre una inclinación que
grávidamente
extenúa

sin acelerar la pausa
porque la prisa quedó del otro lado
cuando las piernas escalaban hacia la cumbre

es el tiempo del descenso sosegado

solitario
a veces un pájaro muta el cielo
vuela ensimismado en el movimiento que lo desplaza
yo
en mi signo

como dos aves
en trayectorias distintas

giran los álabes

        oxidados

      en la memoria

alguien debió de escuchar su quejido

                          alguien

debió de estremecerse tras el aullido de los goznes

                                    cuando

el tiempo

cortó las cuerdas

con toda la música sujeta a la misma cuerda
                                    perversa
                mente
tensada
despistabas el silencio
sobre hojas de papel pautado

la orquesta   expectante
y un gesto que nunca llega
que no quiere llegar

no
la noche es contingente
como *la cifra de soldados que cada pueblo da para las quintas*
como la ley de la gravitación universal

como ajeno
   el sonido
disimula las notas lejanas

                [con preocupación]

entre barro de diatomeas
se arrastraba
con el pesar de las tortugas

es el olvido viejo sepulturero
perdido el recuerdo
perdida la inmortalidad

HERMES DE ANTIPAROS

vuelve el olvido
no se oye el roce de sus pasos sobre la tierra seca
                              y arrastra los talones

        [si supo el alma de la sal que lleva la brisa
        del pétalo de amapola que pintó su boca
        de algún momento de sosiego

        si son estas manos las que un día
                              enterraron la esperanza]

el aroma de lluvia se derrama sobre la besana
como aire impuro
la transparente gota de olvido penetra

        [todo nombre es un destino
        el viento enreda sus cabellos
        llagas
        luna]

y nieva

sin otro hábito que el extravío
fueron las cumbres quebrado horizonte
cuando el cielo
        [de]sol[ado]
habitó entre las sombras

cada vez más cerca
más cercano
            el mundo
            poco a poco
            entorpece la visión
            gastada por el uso excesivo

                    [está el horizonte achicado]

es el tiempo del repliegue
en retroceso hacia este cuerpo que fue atalaya y catapulta
en un lento trasiego
                hacia la extinción

regreso

jauría del pensamiento

cuando el olvido abandona su oficio
afilados como sílice

        [temerarios]

vagan a sus anchas

        [forcejean]
        [los recuerdos]

bajo la bóveda terrestre

        [cualquiera puede escucharlos]

pero es la rueda esclava de la pendiente

FRITZ EWIGKEIT

crees que el olvido cicatriza las dudas
que es el salitre tu salvación
y preguntas desde la orilla

                    dónde está el mar

he intentado olvidar tantas cosas

he probado
a mezclar tridentes con puñales
a desgarrar mi carne donde había herida

contra el tambor de los inocentes llené mis oídos de caracolas
                                        navegué el Leteo a diario
                                        mastiqué tus cenizas

                                        en vano

por sortear las sombras y evitar las simetrías
caminé a la costa del mar los días impares de aquel febrero

pero tu nombre no lo borra el plácido vuelo del albatros
ni alcanza la luz a mediodía la médula

sed de la araña que teje tu historia
sed de la piedra pulverizada

he intentado olvidar tantas cosas que
los helechos
guardaron en sus esporas
mis dientes de leche y tus caricias
como fósiles de otra época en la que el aire no pesaba
tiempo de calma sorda sin agricultura

cuando crecían   en los meandros
historias fantásticas   en tallos muy finos

palabras sagradas
palabras imanes
volver a esa época   madre
creer

escribe
para sembrar futuras malas hierbas
para colonizar
con una exótica especie invasora
los recuerdos

Hungría de Estagira
Delos, año del eclipse

no hay pan negro en Delos
los pájaros vuelan en pequeños círculos
        [sin por ello atraer al presagio]

la expedición llega a su fin

no hay pan negro en Delos
ni siquiera muros donde colgar los almanaques

ahora que descansan las piedras

no hay mayor desconsuelo que asentir a la voz del oráculo

supo del árbol cuando ya no buscaba la sombra
[párvulo desasosiego en un otoño por descubrir]

a la eternidad apenas le quedaba tiempo
desesperados
                los segundos
                                ejecutaban un batimán

        [diacrónico
        contingente]

dónde encontrar las palabras

solo la música conserva el itinerario en orden correcto

porque
dijo
el
viento
si quieres vivir siempre
busca un cuerpo en el que morir

Este libro se terminó de imprimir
en octubre de 2024

RIL® editores • España

europa@rileditores.com

Se utilizó tecnología de última generación que reduce
el impacto medioambiental, pues ocupa estrictamente el
papel necesario para su producción, y se aplicaron altos
estándares para la gestión y reciclaje de desechos en
toda la cadena de producción.